Bertl Wehrle

Kuscheltiere
stricken und häkeln

Arbeitsanleitungen und Modelle

FALKEN VERLAG

Inhalt

Im Buch verwendete Abkürzungen:

M = Masche
R = Reihe
Rd. = Runde
abk. = abketten
abn. = abnehmen
aufn. = aufnehmen

CIP-Kurztitelaufnahme der Deutschen Bibliothek

Wehrle, Bertl:
Kuscheltiere stricken und häkeln: Arbeitsanleitungen u. Modelle / Bertl Wehrle. — Niederhausen/Ts. : Falken-Verlag, 1984.
ISBN 3-8068-0734-5

ISBN 3 8068 0734 5

Titelbild: Fotostudio Axel Weber, Wiesbaden
Fotos: Fotostudio Axel Weber, Wiesbaden
Zeichnungen: Brigitte Braun, Bad Schwalbach
Satz: Dinges + Frick, Wiesbaden
Druck: Uhl, Radolfzell

817 2635 4453 6271

Kuscheltiere zum Schmusen und Liebhaben

Der Wunsch, ein lebendes Tier zum Schmusen und Liebhaben, aber auch zum Spielen und Herumtollen zu besitzen, ist nicht nur bei Kindern stark ausgeprägt. Leider aber ist dieser Wunsch oft nicht erfüllbar. Ein kleines oder großes gestricktes Wolltier dagegen, stellt keinen Anspruch auf Platz, Futter und Auslauf. Mit seinen lebenden Artgenossen hat es dafür gemein, gern gestreichelt, verhätschelt und genauso liebkost zu werden, wie ein lebender Spielkamerad, mit dem man nicht nur Freude, sondern auch Sorgen und Kummer teilen kann.

Für so ein selbstgearbeitetes Wolltier finden sich bestimmt dankbare und begeisterte Abnehmer — und das nicht nur bei den Kleinen. Auch für Erwachsene bedeutet ein handgefertigtes Geschenk einen beachtlichen Wert, oft eine teure Erinnerung.

Mit etwas Geduld und Liebe, mit etwas Fleiß und Geschick ist es nicht allzuschwer, das eine oder andere Tier nachzuarbeiten. Die Natur bietet dazu sehr viele Vorbilder sowie Motive an, und diese Arbeitsanleitungen möchten demjenigen, der es versucht, helfen und auch Anregungen geben.

Was macht es, wenn das erste Unterfangen nicht vollendet ausfällt! Oft sind es gerade die unvollkommenen Dinge welche Aufmerksamkeit und, da selbst gefertigt, Liebe und Zärtlichkeit wecken.

Arbeitsgeräte

Der größte Teil der benötigten Arbeitsgeräte dürfte in jedem Haushalt vorhanden sein; fehlt das eine oder andere, so ist die Anschaffung erschwinglich.

Ein Nadelspiel, bestehend aus fünf Nadeln und zwei Häkelnadeln verschiedener Stärke, sollte verfügbar sein. Unentbehrlich sind eine Näh- und eine Stopfnadel. Ab und zu werden auch ein paar Stecknadeln gebraucht. Eine Schere und ein Zentimeterband dürfen nicht fehlen.

Ein Pomponset wäre für die Herstellung von Pompontieren eine Erleichterung, denn die Pompons lassen sich damit schneller als mit selbstgefertigten Pappringen arbeiten (siehe dazu »Pompontiere«).

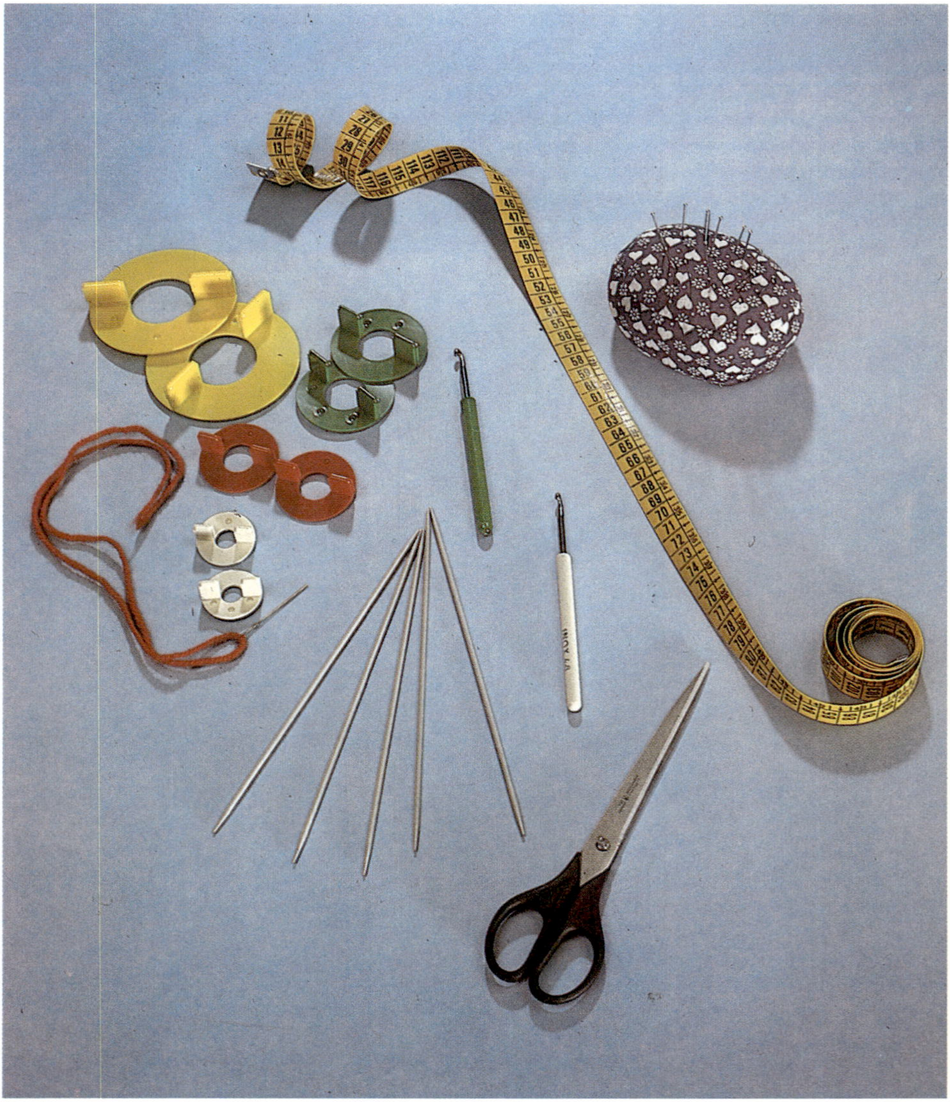

Materialien

Für die Anfertigung der beschriebenen Tiere benötigt man Wolle in verschiedenen Farben, Kunstfaserwatte oder aufgezogene Wolle zum Ausstopfen und ausgediente Perlonstrümpfe sowie Garn, Glasaugen, Perlen oder Knöpfe, etwas Filz und Tischtennisbälle.

Auch Abfallstoffe, wie sie in jedem Haushalt anfallen, finden Verwendung, so zum Beispiel: Korken, natur oder aus Plastikmaterial, Plastikflaschen und Dosen, Kugelverschlüsse sowie Papprollen von Toilettenpapier.

Pompontiere

Pompons sind gewickelte und zusammengenähte Wollkugeln, eine Bastelarbeit, die auch Kindern recht viel Freude bereitet. Wie Pompontiere gefertigt werden, soll das Beispiel Marienkäfer zeigen.

Marienkäfer

Materialien

Für 2 Käfer ungefähr 20 g rote sowie einen Rest schwarze Wolle und einen Pappkarton verwenden.

Körper und Kopf

Es wird für den Körper ein roter Pompon von 5 cm Durchmesser und für den Kopf ein schwarzer Pompon von 4 cm Durchmesser angefertigt.

Für einen Pompon benötigt man 2 vorher zurechtgeschnittene Kartonscheiben, die in der Mitte mit einem 1,5 cm im Durchmesser großen Loch versehen sind. Die 2 Scheiben für einen Pompon werden aufeinandergelegt und dicht mit Wolle umwickelt.

Die umwickelten Scheiben in der Mitte zwischen den Scheiben aufschneiden und abbinden.

Die Pappringe aufschneiden und entfernen. Körper und Kopf mit den Abbindfäden zusammenbinden und fest verknoten. Herausstehende Fäden gleichmäßig zurechtschneiden.

Fertigstellung

Für die schwarzen Tupfen im Körper schwarze Wollfäden und beim Kopf 2 weiße Wollfäden als Augen einziehen. Für die Füße 3 Luftmaschenketten von 10 cm Länge häkeln, in der Mitte zusammenbinden, die Fußenden verknoten und am Unterkörper annähen.

Papagei

Dieser gelehrige und oft so frechlustig wirkende bunte Vogel, welcher die menschliche Stimme nachahmen kann, hat so viele Freunde, daß wir versuchen sollten, diesen farbenfrohen Gesellen nachzubilden.

Materialien
Benötigt werden dicke Wollreste in 3 oder 4 verschiedenen Farben, Watte zum Füllen, etwas weißen Filz und 2 Perlen für die Augen.

Körper
Für den Körper werden 2 Teile gestrickt. 1. Teil: 24 Maschen anschlagen und glattrechts 24 Runden stricken. In der folgenden Runde 4 Maschen gleichmäßig verteilt abnehmen. Noch 12 Runden für den Kopf stricken und die Maschen abketten.

Dann das 2. Teil kraus nach der Zeichnung arbeiten.

Schnabel
Für den Schnabel 3 Luftmaschen anschlagen, mit einer Kettmasche zum Ring schließen, 4 feste Maschen in den Ring und 5 Runden häkeln, nur die Maschenzahl verdoppeln und noch 1 Runde häkeln.

Schwanz
Es werden 12 Teile von unterschiedlichen Längen und Farben für den Schwanz gearbeitet. Davon 4 Teile zu je 25 Luftmaschen anschlagen und 1 Reihe feste Maschen häkeln; 4 Teile zu je 20 Luftmaschen ebenso anschlagen und 1 Reihe feste Maschen häkeln; die restlichen 4 Teile bestehen aus 16 Luftmaschen in der gleichen Arbeitsweise.

Fertigstellung
Den Kopf zusammenlegen und von rechts zusammennähen. Auf der Schnabelseite einen Bogen nach unten nähen. Linke Seite nach außen wenden und mit Watte füllen, dabei den Rücken und den Bauch etwas betonen. Die untere Öffnung mit einem Faden einreihen, zusammenziehen und vernähen. Die Schwanzteile mit einem Faden zusammenheften und am Unterkörper so annähen, daß der Schwanz nach hinten fällt. Für die Füße eine 24 cm lange Luftmaschenkette häkeln, die Enden zusammenbinden, je Bein zwei Schlaufen falten und am Unterkörper und Schwanz annähen. Den Schnabel annähen,

die Schnabelspitze nach unten biegen und befestigen. Nun den 2. Körperteil über den ausgestopften Körper legen, die Kopfecken einschlagen, die entstandene Spitze hinter dem Schnabel annähen. die einzelnen Ecken auf beiden Körperseiten mit 1 bis 2 Stichen befestigen. Die 2 vorletzten Ecken unter dem Bauch und über den Füßen zusammennähen. Das letzte Strickteil um die Schwanzteile herumlegen und die beiden Ecken unter den Füßen zusammennähen. Die Augen aus Filz und Perlen anbringen.

Katzenkinder

An Anmut und Zierlichkeit sind die Katzenkinder kaum zu übertreffen. So bleibt der Wunsch, sie als Nachbildung stets um sich zu haben, mehr als verständlich.

Diese kleinen Katzenkinder werden nach einem Grundschema gearbeitet, das sich auch für andere Tiere verwenden läßt.

Materialien
Benötigt werden Wollreste, eventuell etwas Filz, Watte zum Ausstopfen, Stickgarn, 1 Nadelspiel, 1 Häkelnadel sowie 1 Stick- und Stopfnadel.

Körper
Anschlag: 48 Maschen, je Nadel 12 Maschen. 60 Runden glattrechts stricken.

Für die Kopfform von einer Seitenkante ausgehend, wie nachfolgend beschrieben, abnehmen. 1. Nadel: die 1. Masche stricken, die 2. und 3. Masche zusammenstricken; 2. Nadel: am Ende die dritt- und zweitletzte Ma-

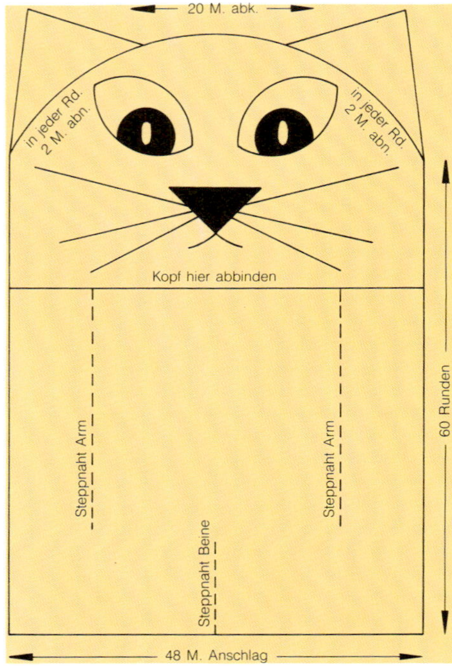

sche zusammenstricken, die letzte Masche stricken; 3. und 4. Nadel: wie die 1. und 2. Nadel stricken.

In den nächsten Runden wieder jeweils 4 Maschen abnehmen und die restlichen 20 oder 16 Maschen abketten.

Die Kopfnaht von links mit der Stopfnadel zunähen. Den Kopf mit Watte ausstopfen und abbinden.

Dann die Arme und Beine absteppen und ausstopfen.

Für die Fußsohlen je 3 Luftmaschen anschlagen und mit einer Kettmasche zum Ring schließen. In diesen Luftmaschenring 6 feste Maschen häkeln noch 5 Runden häkeln, dabei 4 Maschen verteilt je Runde zunehmen. Die Fußsohlen annähen.

Das Gesicht aufsticken oder aus Filz zurechtschneiden und annähen. Als Stupsnase sieht auch ein kleiner Pompon (siehe »Pompontiere«) recht lustig aus.

Ohren

Für die Außenohren mit 2 Wollfäden (Körperfarbe) 10 Maschen anschlagen, 6 Reihen kraus stricken, dann in jeder Reihe die 2 ersten Maschen zusammenstricken, bis alle Maschen aufgebraucht sind. Die Innenohren mit andersfarbiger Wolle (nur 1 Faden) ebenso stricken. Die Ohrteile zusammennähen, die unteren Kanten einhalten und dann am Kopf anheften.

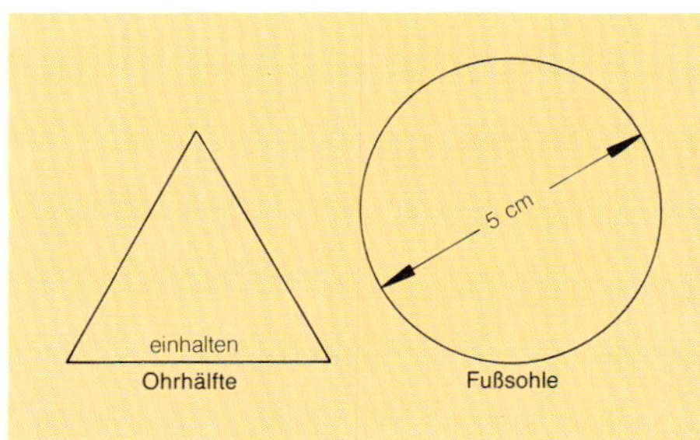

Schwanz

In der Körperfarbe mit der Häkelnadel 6 Luftmaschen anschlagen und mit 1 Kettmasche zum Ring schließen. In diesen Luftmaschenring 6 feste Maschen häkeln. In den folgenden Runden immer 6 feste Maschen häkeln, bis der Schwanz eine Länge von etwa 25 cm hat. An das Schwanzende 1 kleinen Pompon annähen (siehe »Pompontiere«), das andere Ende zusammenziehen und annähen.

Zum Schluß eine schöne Schleife — eventuell mit einem Glöckchen — um den Hals binden.

Schlenkerduo

(Hase und Kater)

Die kleineren Kinder möchten gerne mit einem Tier spielen, das sie auch einmal etwas grob anfassen, herumschleudern, schlenkern können; ihre Vorstellungskraft reicht noch nicht so weit aus, in ihrem Spielzeug ein getreues Ebenbild aus der Natur zu sehen. Für sie ist das Schlenkerduo gedacht.

Materialien

Für jedes Tier werden 100 g dicke Flauschwolle, bunte Wollreste, 4 Tischtennisbälle für die Füße, Glasaugen (bzw. Augen aus Filz), 1 Nadelspiel und 1 Häkelnadel benötigt. Der Hase bekommt noch einen Backenbart aus Wolle oder Webpelz, der Kater Barthaare aus Perlonschnur.

Körper

Der Rumpf und der Kopf werden von unten nach oben zusammenhängend, die Beine dagegen extra gestrickt.

52 Maschen anschlagen, diese auf 4 Nadeln verteilen und in Runden ungefähr 14 cm glattrechts stricken. Für die Schultern wird von der Seitenkante ausgehend wie folgt abgenommen. 1. Nadel: die erste Masche stricken, die 2. und 3. Masche zusammenstricken; 2. Nadel: am Ende die dritt- und zweitletzte Masche zusammenstricken, die letzte Masche stricken; 3. und 4. Nadel: wie die 1. und 2. Nadel stricken. Dieses Abnehmen in den nächsten 5 Runden wiederholen.

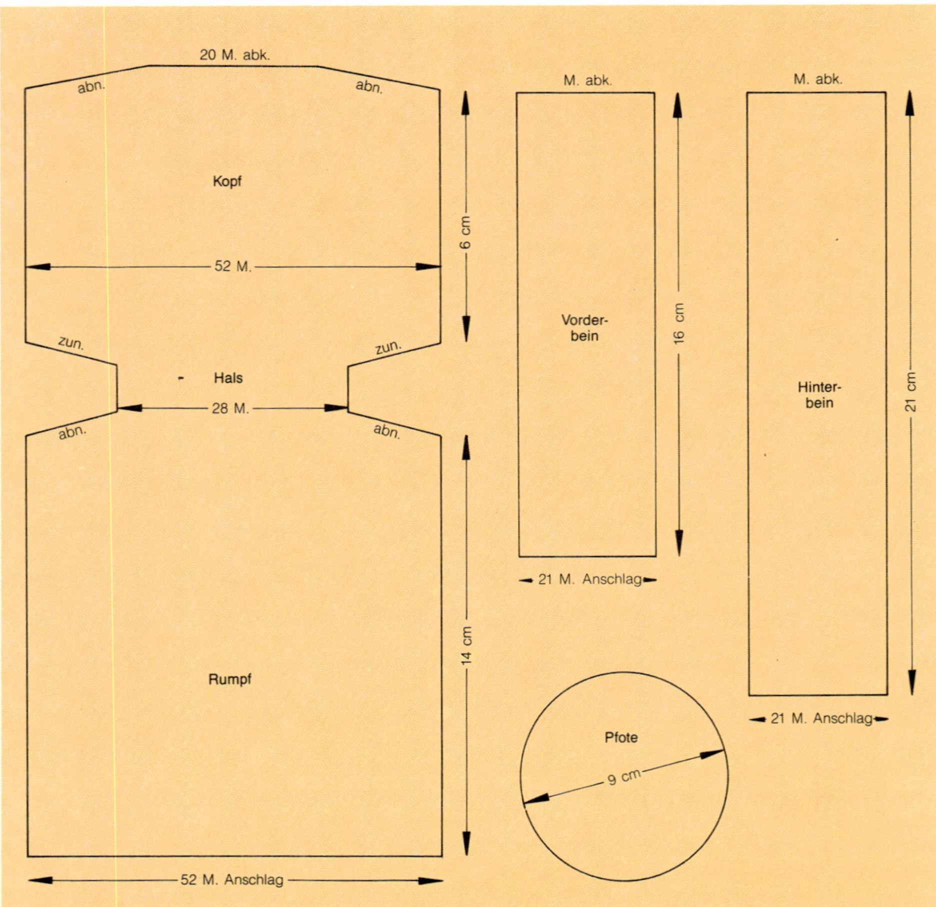

Für den Hals über 28 Maschen ohne abzunehmen 2 Runden stricken.

Danach wird der Kopf gearbeitet. Zunächst genauso zunehmen, wie an den Schultern abgenommen wurde, jedoch nur in jeder 2. Runde, bis es wieder 52 Maschen sind. Dann 6 cm gerade hochstricken. Jetzt abnehmen wie an den Schultern, bis noch 20 Maschen insgesamt vorhanden sind, diese abketten. Die Kopfnaht von links schließen.

Beim Kater wird die Kopfnaht von rechts geschlossen und die linke Seite des Gestrickten nach außen gewendet.

Beine

Je 22 Maschen anschlagen, diese auf 3 Nadeln verteilen und in Runden glattrechts stricken. Auf diese Weise 2 Schläuche von ungefähr 16 cm und 2 von ungefähr 21 cm Länge stricken. Für den Kater bei allen 4 Teilen die linke Seite nach außen wenden.

Den Rumpf, den Kopf und die Beine mit Watte ausstopfen. Die kurzen Beine oben, die langen Beine unten annähen.

Pfoten

Für die Pfoten 4 weiße runde Flächen häkeln. Je Fläche 3 Luftmaschen anschlagen und mit 1 Kettmasche zum Ring schließen. In diesen Luftmaschenring 6 feste Maschen häkeln. In den folgenden 3 Runden je 4 Maschen verteilt zunehmen, noch 3 Runden ohne Zunahmen häkeln. Durch die Außenkanten rundherum einen Faden reihen, mit den Tischtennisbällen ausstopfen, dann den Faden zusammenziehen und die Pfoten an den Beinenden annähen.

Brust

Mit weißer Wolle 15 Luftmaschen anschlagen. Diese Luftmaschenkette mit festen Maschen rundherum behäkeln. An den beiden Enden immer je 2 Maschen zunehmen und 4 bis 5 Runden häkeln. In diese ovale Häkelform werden Wollfäden von 8 cm Länge eingeknüpft und das Brustteil dann aufgenäht.

Hase

Ohren (Löffel)

Für die Außenohren mit 2 Wollfäden (Körperfarbe) 10 Maschen anschlagen, 20 Reihen mit doppeltem Faden kraus stricken. Nun in jeder Reihe die beiden ersten Maschen zusammenstricken, bis alle Maschen aufgebraucht sind. Die Innenohren mit andersfarbigem Garn (nur 1 Faden) genauso stricken. Die Ohrenteile zusammennähen, unten zusammenklappen und annähen. Zwischen den Ohren einen Pompon annähen.

Schwanz

Einen weißen Pompon anfertigen (siehe »Pompontiere«) und mit dem Abbindfaden annähen.

Gesicht

Die Augen aus Filz zurechtschneiden und anbringen. Einen kleinen roten Wollbüschel als Nase befestigen. 2 weiße Pompons anfertigen und als Hamsterbacken annähen, seitlich der Pompons je ein kleines Webpelzstück als Backenbart anbringen.

Auch unser Hase ist eitel und möchte zum Schluß eine schöne Schleife um seinen Hals tragen.

Kater

Ohren

Für die Außenohren mit 2 Wollfäden (Körperfarbe) 10 Maschen anschlagen, 6 Reihen mit doppeltem Faden stricken, dann in jeder Reihe die 2 ersten Maschen zusammenstricken, bis alle Maschen aufgebraucht sind. Die Innenohren mit andersfarbiger Wolle (nur 1 Faden) genauso stricken. Die Ohrenteile zusammennähen und am Kopf anheften.

Schwanz

6 Luftmaschen anschlagen und mit 1 Kettmasche zum Ring schließen. In diesen Ring 6 feste Maschen häkeln, mit 6 festen Maschen in jeder Runde einen etwa 25 cm langen Schwanz häkeln. Das eine Ende zwischen den Hinterbeinen annähen, das andere mit einem Pompon verzieren.

Gesicht

Einige Perlonfäden als Barthaare einziehen, mit einem Weißleimtupfer ankleben und das Maul darübersticken. Die Augen aus Filz oder Glasaugen anbringen.

Über eine Halsschleife freut sich auch unser Schlenkerkater.

Korkentiger

Erstaunlich, was man aus Flaschenkorken alles machen kann.

Sicher ist das eine eigenartige Tigerfigur, aber Kinder haben viel Phantasie, sie erwecken einen solchen Korkentiger zum Leben, und außerdem läßt er sich wunderschön bewegen und man kann herrlich damit spielen.

Seine Anfertigung ist sehr einfach.

Materialien

Man benötigt 13 normale Flaschenkorken, dazu 4 Korken mit einer Halbkugel (Sektkorken) für Vorder- und Hinterbeine; weiter 1 Korkscheibe oder 1 leere Cremedose für den Kopf, etwas Filz für die Augen und die Zunge; 1 Pfeifenputzer, 50 cm lang, für den Schwanz, zum Umhäkeln braune und beige, nicht zu dicke Wolle sowie einen Rest weiße Wolle und 1 passende Häkelnadel.

Körper

Die Korken werden einzeln mit festen Maschen umhäkelt, 6 normale und 2 Sektkorken in Braun, 7 normale, 2 Sektkorken und der Kopf in Beige. Man beginnt mit einem Luftmaschenring aus 4 Maschen und nimmt in den ersten Runden mehrere Maschen zu, bis der Korkendurchmesser erreicht ist. Dann häkelt man in geraden Runden weiter. Oben wird entsprechend abgenommen. Bei den Sektkorken wird nach der Halbkugel in der nächsten Runde immer 1 Masche übersprungen. Für den Kopf häkelt man am besten 2 runde Flächen und näht diese über dem Dosenrand zusammen.

Ohren

6 Luftmaschen in Braun anschlagen und darüber 2 Reihen mit je 12 Stäbchen häkeln. Als Abschluß 1 Reihe feste Maschen in Beige arbeiten.

Nase

3 Luftmaschen in Weiß anschlagen und mit 1 Kettmasche zum Ring schließen. In den Ring 4 feste Maschen häkeln, darüber 3 bis 4 Runden feste Maschen häkeln und dabei in jeder Runde 2 bis 3 Maschen verteilt zunehmen.

Schwanz

3 Luftmaschen in Braun anschlagen und mit

1 Kettmasche zum Ring schließen. In den Luftmaschenring 6 feste Maschen häkeln. Mit 6 Maschen in jeder Runde einen Schwanz von 25 cm Länge arbeiten. Den Pfeifenputzer doppelt legen und einschieben. Das eine Schwanzende mit einem Wollbüschel verzieren.

Fertigstellung

Für die beiden Vorderbeine je 1 Sektkorken (Pfote) und 2 normale Korken, für die Hinterbeine je 1 Sektkorken und 3 normale Korken in den Farben wechselnd aufeinandernähen.

Die restlichen 3 Korken für den Körper längsseitig zusammennähen. Die Hinterbeine an den ersten, die Vorderbeine an den letzten Körperkorken annähen.

Auf den umhäkelten Kopf werden die Filzaugen, die Filzzunge, die Nase und die Ohren angenäht, dabei die untere Kante der Ohren etwas zusammenfassen, so daß sie sich lauscherähnlich nach vorne wölben; einige Wollfäden zwischen den Ohren anbringen. Die Nasenspitze und das Maul aufsticken und den Kopf an den Körper annähen. Zum Schluß den Schwanz zwischen den Hinterbeinen an das untere Köperteil annähen.

Wer will, kann mit entsprechend mehr Korken (natur) den Korkentiger noch größer anfertigen.

Tütenhund

Den Tütenkasper, wer kennt ihn nicht! Wie wäre es darum einmal mit einem Tütenhund? Solch ein kleiner Kobold kann genauso lustig aus der Tüte herausschlüpfen oder darin verschwinden wie sein großes Vorbild, der Kasper. Und so manch großer Kinderkummer ist dann ganz schnell vergessen.

Einen Tütenhund zu arbeiten, ist nicht allzu schwer.

Materialien
Benötigt werden 1 nicht zu dicker Rundstab von etwa 55 cm Länge, 1 Kartonplatte, Selbstklebefolie, Wollreste, Watte, etwas Filz, 1 Stück Perlonstrumpf (10 cm), 1 Borte, 1 Häkelnadel, Reißnagel, Bleistift, Faden und Papier.

Kopf
3 Luftmaschen anschlagen und mit 1 Kettmasche zum Ring schließen. In den Ring 6 feste Maschen häkeln. In den folgenden Runden feste Maschen häkeln und je 3 bis 4 Maschen verteilt zunehmen. Bei einer Maschenzahl von 34 bis 36 Maschen noch 10 bis 12 Runden ohne Zunahme häkeln.

Ohren
12 Luftmaschen anschlagen. Diese Luftmaschenkette mit festen Maschen umhäkeln, dabei an beiden Enden in jeder Runde je 2 Maschen zunehmen, 5 bis 6 Runden häkeln.

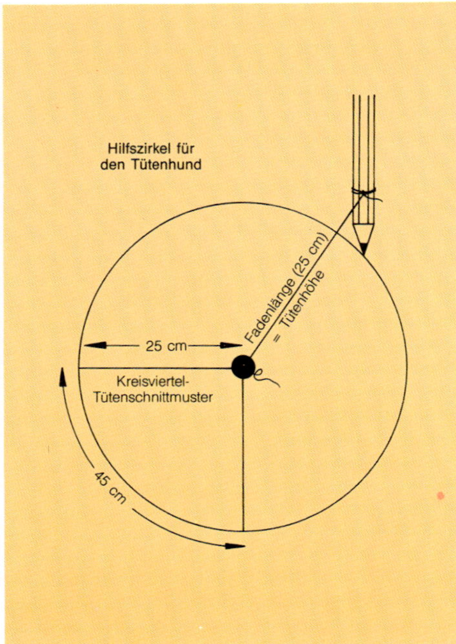

Die Ohren mit einer Schmalseite auf den Kopf nähen.

Gesicht
Die Augen, die Schnauze (mit einem Filzstift betupfen) und die Zunge aus Filz annähen. Einen kleinen Wollbüschel als Nase und am Oberkopf einige Wollfäden annähen.

Innere Kopfform
An einem Stabende wird die innere Kopfform angebracht. Dazu das Stabende mit Watte umwickeln, das verknotete Strumpfstück über die Wattekugel stülpen und mit einem starken Faden mehrfach abbinden. Das Strumpfende mit einem Band abwickeln und etwas verleimen. Über diese Kugelform wird die gehäkelte Kopfhülle gestülpt. Am unteren Rand einen Faden einreihen, diesen zusammenziehen und am Stab befestigen.

Tüte
Die Tüte muß groß genug sein, damit das Tierchen gut darin verschwinden kann. Mit Reißnagel, Bleistift und Faden wird ein Hilfszirkel hergestellt (siehe Zeichnung).

Man zeichnet einen Kreis mit einem Radius von 25 cm (= Fadenlänge) auf ein Papier. Ein Viertel dieses Kreises (45 cm Kreislinie) wird als Schnittmuster ausgeschnitten und auf einen nicht zu dicken Karton übertragen.

Den ausgeschnittenen Karton formt man zu einer Tüte mit einem oberen Durchmesser von ungefähr 13 cm. Unten bleibt die Tüte für den Stab offen. Die Längskanten können zusammengeleimt oder geklammert werden. Danach überzieht man die Tüte mit Selbstklebefolie.

Rumpf
Mit dünner Wolle 100 Maschen für den Rumpf anschlagen und die Maschen auf 4 Nadeln verteilen. Tüten- und Rumpfkante müssen den gleichen Umfang haben. Jetzt in Runden glattrechts einen Schlauch von etwa 20 cm Länge stricken, dabei durch gleichmäßige Abnahmen die Maschenzahl auf 28 bis 30 Maschen verringern (Halsumfang).

Fertigstellung
Die untere Rumpfkante an den Tütenrand nähen und die Übergangsstelle mit einer Borte verzieren. Den Kopf mit dem Stab durch die Halsöffnung in den Rumpf und die Tüte und durch das untere kleine Tütenloch schieben. Die obere Rumpfkante einkräuseln und rund um den Hals annähen. Eine schöne Schleife um den Hals binden und fertig ist der Tütenhund. Viel Spaß dabei!

Wie wäre es mit einem Äffchen oder einfach einem Phantasietier? Es gibt noch so viele Möglichkeiten.

Dackel Struppi

Es gibt kaum ein Geschöpf, das uns Menschen näher steht als der treue, anhängliche, verständige und gehorsame Hund. Er ist und bleibt darum für unsere Kinder sicher der beliebteste Spielkamerad unter allen Tieren; und da er verhältnismäßig leicht in Wolle nachzubilden ist, darf er in unserer Strickreihe nicht fehlen.

Materialien
150 g anthrazitfarbene Bouclèwolle (bei dicker Bouclèwolle die Nadelstärke beachten). Weiterhin benötigt man einen schwarzen und grauen Wollrest, roten Filz, Glasaugen, ein Perlonstrumpfstück und Schaumgummi zum Ausstopfen.

Körper und Kopf
Körper und Kopf werden in einem Stück gestrickt.

40 Maschen anschlagen und ungefähr 30 cm glattrechts stricken. Für den Kopf ein Käppchen arbeiten: 22 Maschen ruhen lassen, mit 18 Maschen 12 Reihen hochstricken.

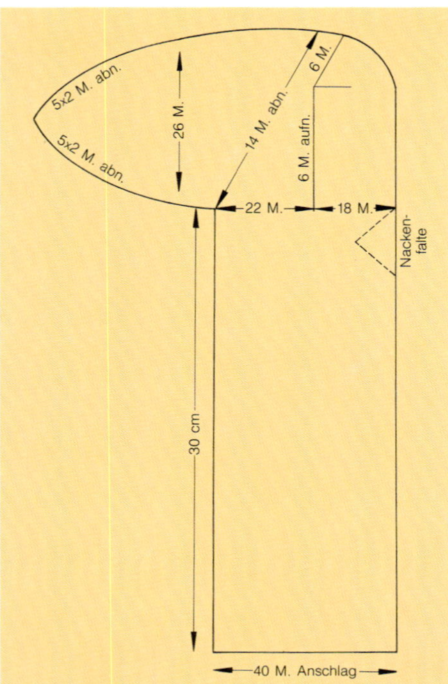

Die Maschen in 3 Teile teilen. Das 1. Drittel ganz, das 2. Drittel bis auf die letzte Masche abstricken. Diese Masche mit der 1. Masche des 3. Drittels zusammenstricken. Die Arbeit dann wenden. Erste Masche abheben, links weiterstricken, letzte Masche der Mitte mit der 1. Masche des 1. Drittels zusammenstricken; wenden. Weiter die jeweils letzte Masche der Mitte mit der 1. Masche der Seite zusammenstricken, bis alle seitlichen Maschen aufgebraucht sind. Jetzt sind noch 6 Maschen auf der Nadel.

Nun auf beiden Seiten der Ferse je 6 Maschen aufnehmen und dazu die ungestrickten 22 Maschen. Diese 40 Maschen sind natürlich für einen Dackelkopf zu viel. Man nimmt 14 Maschen in der Runde verteilt ab, strickt nun mit 28 Maschen noch 5 cm. Dann durch gleichmäßiges Abnehmen die Schnauze bilden. 4 Maschen in der Runde verteilt abnehmen, 4 Runden stricken. Diese Abnahme noch 4mal wiederholen, restliche Maschen abketten, zusammenziehen und links vernähen.

Ohren
8 Maschen anschlagen, 4 Reihen kraus stricken. Auf beiden Seiten in jeder 4. Reihe 2mal 1 Masche zunehmen. 6 Reihen ohne Zunahme stricken, dann in jeder Reihe die 2 ersten Maschen zusammenstricken, die restlichen 4 Maschen abketten.

Beine
12 Maschen anschlagen, 10 cm kraus stricken und die Maschen abketten.

Die Seitenkanten zusammennähen, die Unterseite einreihen, zusammenziehen und vernähen.

Schwanz
8 Maschen anschlagen, 15 cm kraus stricken und die Maschen abketten.

Die Seitenkanten zusammennähen und dabei die Schwanzspitze abschrägen und vernähen.

Fertigstellung
Ein Strumpfstück in der Länge der gestrickten Hülle mit Wolle oder Schaumgummiflocken ausstopfen, zubinden und in diese Hülle schieben.

Das Körperhinterteil einreihen, zusammenziehen und vernähen. Im Nacken eine Falte nähen. Ohren, Glasaugen, Zunge aus rotem Filz sowie einen schwarzen Pompon (siehe »Pompontiere«) als Nasenspitze annähen. Die

Schnauze unterhalb der Augen einreihen und leicht abbinden. An beiden Seiten der Schnauze und am Oberkopf einige Wollfäden einknüpfen oder annähen. Die Beine und den Schwanz ausstopfen und am Körper anbringen. Zum Schluß wird ein Halsband aus roter oder grüner Wolle gefertigt. Das gefällt unserem Struppi ganz besonders gut!

Kuschelkatze

Die Katze, dieses reinliche, zierliche und anmutige Geschöpf mit ihren Samtpfötchen, ist das Haustier im besten Sinne des Wortes und bleibt damit auch der bevorzugteste Spielkamerad von groß und klein.

Materialien
50 g graue Flauschwolle, rosafarbene Wollreste in gleicher Garnstärke, Watte zum Ausstopfen, etwas weißen Filz und 2 grüne Perlen (Augen), ein paar Perlonfäden als Barthaare und ein Schleifenband, 1 Paar passende Stricknadeln und 1 Nadelspiel werden benötigt.

Körper mit Beinen
Den Körper und die Beine nach der Zeichnung 2mal kraus stricken. Beide Teile aufein-

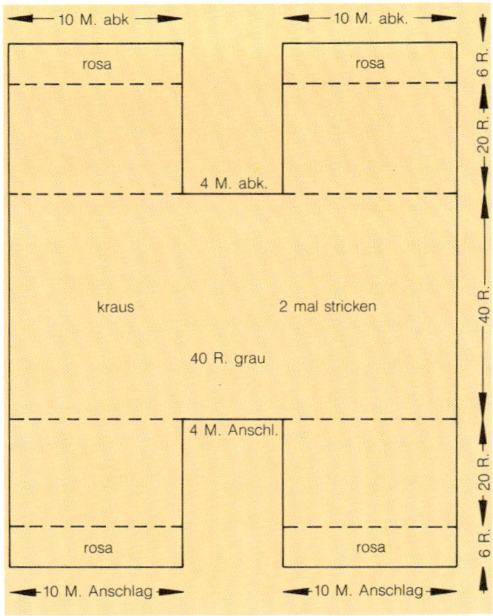

anderlegen und zusammennähen, dabei seitlich einen Schlitz zum Füllen offen lassen. Die Strickerei wenden, mit Watte füllen und die Öffnung verschließen.

Kopf
30 Maschen in der grauen Wolle anschlagen, die Maschen auf 3 Nadeln verteilen und 15 Runden glattrechts stricken. Danach wird wie folgt abgenommen. 1. Nadel: 1 Masche stricken, 2. und 3. Masche zusammenstricken; 2. Nadel: am Ende die 3. und 2. Masche zusammenstricken, letzte Masche stricken; 3. und 4. Nadel: die gleiche Abnahme wiederholen. In den nächsten Runden wieder jeweils 4 Maschen abnehmen. Die restlichen 10 Maschen abketten.

Die Kopfnaht schließen und die Strickerei wenden. Den Kopf ausstopfen, die Halskante einreihen und annähen.

Ohren
Für die Außenohren mit 2 Wollfäden (Körperfarbe) 10 Maschen anschlagen, mit doppeltem Faden 6 Reihen stricken, bis alle Maschen aufgebraucht sind. Die Innenohren mit einem rosafarbenen Wollfaden (nur 1 Faden) genauso stricken. Die Ohrteile zusammennähen und am Kopf anbringen.

Gesicht
Ein paar Perlonfäden als Barthaare einziehen, mit einem Weißleimtupfer befestigen und das Maul mit Flachstichen darübersticken.

Die Augen aus Filz und Perlen annähen. Eine hübsche Halsschleife gehört dazu.

Schwanz
6 Maschen anschlagen, die Maschen auf 2 oder 3 kurze Nadeln verteilen und in Runden ungefähr 18 cm stricken oder häkeln. Am Schwanzende 6 Runden in Rosa stricken, diese Maschen zusammenziehen und vernähen. Das andere Ende zwischen den Hinterbeinen annähen.

Schäfchen

Materialien
50 g dicke Schafwolle (eventuell leicht genoppt), entsprechend starke Stricknadeln, etwas rosafarbene Wolle mit passenden Stricknadeln, 1 schwarzer Wollfaden, Watte zum Ausstopfen, Seidenband und 1 Glöckchen.

Körper mit Beinen
Den Körper und die Beine nach der Schnittmusterzeichnung 2mal kraus stricken.

Kopf
18 Maschen mit der Schafwolle anschlagen und die Maschen auf 3 Strumpfnadeln verteilen. 4 Runden kraus stricken, nun 6 Maschen ruhen lassen und mit 12 Maschen 6 Reihen stricken.

Jetzt ein dreiteiliges Käppchen arbeiten. Danach nimmt man je Seitenkante 3 Maschen aus den Randmaschen auf und die 6 ungestrickten dazu und strickt mit 16 Maschen 6 Runden kraus und anschließend mit dem rosafarbenen Garn (Nadelwechsel) 8 Runden glattrechts, dann in der Runde verteilt 4 Maschen abnehmen, noch 4 Runden stricken und die restlichen Maschen abketten.

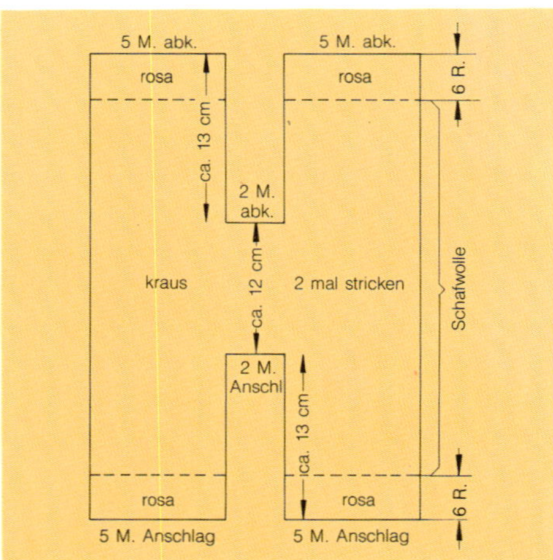

Ohren
Für die Ohren je 6 Maschen anschlagen, 6 Reihen kraus stricken, dann in jeder Reihe die 2 ersten Maschen zusammenstricken, bis alle Maschen aufgebraucht sind.

Fertigstellung
Beide Körperteile rundherum zusammennähen, dabei seitlich einen Schlitz zum Ausstopfen offen lassen, dann die Strickerei wenden, ausstopfen und die Öffnung schließen. Das Maul von links verschließen, den Kopf mit Watte ausstopfen und an den Körper nähen. Die Ohren annähen, mit schwarzer Wolle die Augen, mit rosafarbener das Mäulchen aufsticken. Mit 4 Wollfäden ein 12 cm langes Schwänzchen drehen und annähen. Das Seidenband mit dem Glöckchen um den Hals binden.

Sockentiere

Esel, Pferd und Zebra, diese drei Tiere werden nach dem gleichen Grundschema gearbeitet. Wer schon Socken gestrickt hat, wird bei der Ausarbeitung unwillkürlich eine gewisse Ähnlichkeit mit zwei Socken feststellen: die etwas kleinere ergibt den Kopf, die größere den Rumpf. Die Tiere unterscheiden sich in der Farbe, den Ohren und dem Schwanz.

Materialien
Für ein Tier benötigt man etwa 50 g dicke Wolle, Wollreste, Watte zum Ausstopfen, Perlen oder Knöpfe für die Augen, 1 passendes Nadelspiel, 1 Häkelnadel und Flaschenkorken für die Beine.

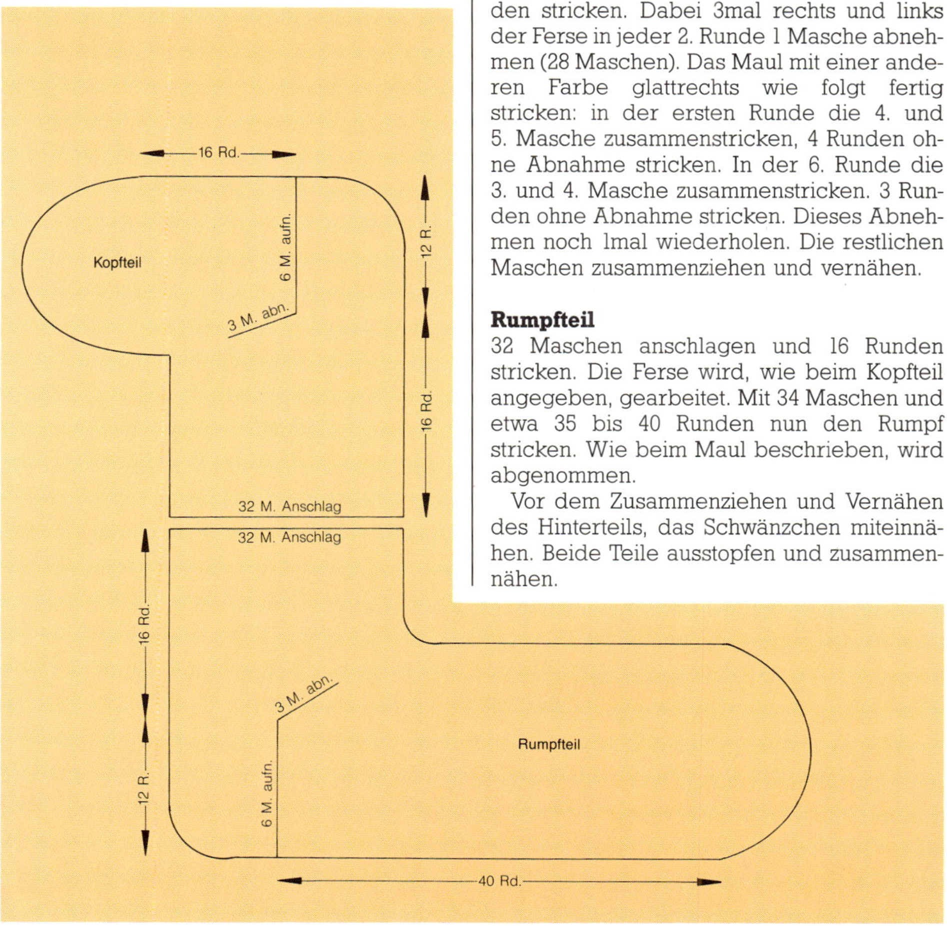

Kopfteil
32 Maschen anschlagen, die Maschen gleichmäßig auf 4 Nadeln verteilen. 16 Runden, 1 Runde rechts, 1 links stricken. Danach für den oberen Teil 17 Maschen ruhen lassen. Die Ferse über 15 Maschen 12 Reihen hochstricken. Die Maschen in 3 Teile teilen. Das 1. Drittel ganz, das 2. Drittel bis auf die letzte Masche abstricken. Diese Masche mit der 1. Masche des 3. Drittels verschränkt zusammenstricken, die Arbeit wenden. Die 1. Masche abheben, links weiterstricken, die letzte Masche der Mitte mit der 1. Masche des 1. Drittels zusammenstricken und wenden. Dieses Abnehmen, so wie es beschrieben ist, fortsetzen, bis die seitlichen Maschen aufgebraucht und die mittleren übrig sind. Rechts und links der Ferse je 6 Maschen verschränkt aufnehmen, die 17 ungestrickten Maschen dazu und 14 bis 16 Runden stricken. Dabei 3mal rechts und links der Ferse in jeder 2. Runde 1 Masche abnehmen (28 Maschen). Das Maul mit einer anderen Farbe glattrechts wie folgt fertig stricken: in der ersten Runde die 4. und 5. Masche zusammenstricken, 4 Runden ohne Abnahme stricken. In der 6. Runde die 3. und 4. Masche zusammenstricken. 3 Runden ohne Abnahme stricken. Dieses Abnehmen noch 1mal wiederholen. Die restlichen Maschen zusammenziehen und vernähen.

Rumpfteil
32 Maschen anschlagen und 16 Runden stricken. Die Ferse wird, wie beim Kopfteil angegeben, gearbeitet. Mit 34 Maschen und etwa 35 bis 40 Runden nun den Rumpf stricken. Wie beim Maul beschrieben, wird abgenommen.

Vor dem Zusammenziehen und Vernähen des Hinterteils, das Schwänzchen miteinnähen. Beide Teile ausstopfen und zusammennähen.

Esel

Er wird — wie bei den Sockentieren angegeben —, nach dem Grundschema gearbeitet. Seine Farbe ist grau, die Ohren lang und ein schwarzes Wollbüschel ziert sein Schwanzende. Für Maul und Innenohren weiße Wolle verwenden.

Ohren
Die Außen- und Innenohren separat arbeiten. Je 8 Maschen anschlagen, 16 Reihen kraus stricken. In jeder 2. Reihe 1 Masche in der Mitte abnehmen. Für die Innenohren dünne Wolle verwenden.

Beine
Je Bein 2 Korken verwenden. Für die Fußsohlen und die Hufe (1 bis 3 cm) eine Kontrastfarbe wählen. 3 Luftmaschen anschlagen und mit 1 Kettmasche zum Ring schließen. In diesen Ring 6 feste Maschen häkeln, in den folgenden 2 bis 3 Runden verteilt je 2 bis 3 Maschen zunehmen (Korkendurchmesser). Die Beinlänge ohne Zunahme häkeln und annähen.

Fertigstellung
Die Mähne einknüpfen und die Wollfäden auseinanderdrehen. Ein schwarzer Farbfleck kommt auf die Knopfaugen, 2 bis 3 Spannstiche in die Augenwinkel und der treuherzige Eselsblick ist fertig. Wenn er einmal gerade nicht störrisch sein will, trägt er auch einen Sack — oder mit Zaumzeug und Satteldecke versehen — stolz wie ein Pferd seinen Reiter. Wer diesen Eselstreiber, das Zaumzeug und die Satteldecke, wie auf dem Foto abgebildet, auch noch arbeiten will, möge sich an die folgende Anleitung halten.

Eselstreiber

Materialien
Wollreste und ein Stückchen Draht, und schon entsteht ein kleines lustiges Männchen.

Kopf und Körper
Für Kopf und Körper 20 Maschen mit beiger Wolle anschlagen und in Runden 16 cm glattrechts stricken. Den Faden durch die offenen Maschen ziehen. Von links zusammenziehen und vernähen.

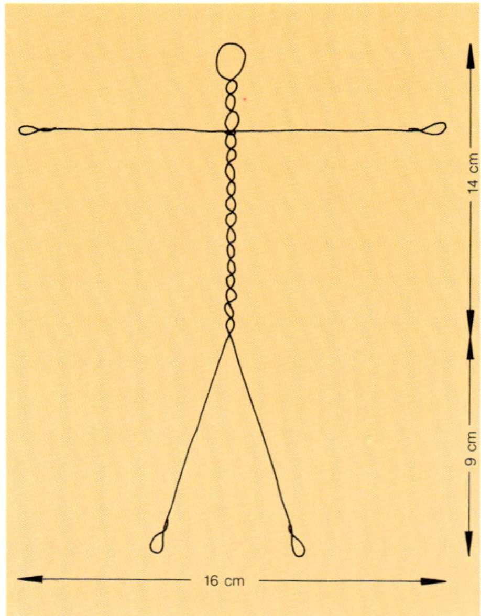

Ein Drahtgestell in der richtigen Größe zurechtbiegen, Kopf und Körper mit Watte oder Stoffstreifen umwickeln und den Strickschlauch überziehen. Die Drahtarme seitlich durch die Maschen stecken. Drahtarme und Drahtbeine mit Stoff umwickeln, den Strickschlauch im Schritt zusammennähen und den Hals abbinden.

Arme und Beine
Für Arme und Beine je 10 Maschen in Körperfarbe anschlagen. Für die Arme 9 cm glattrechts und für die Beine 10 bis 11 cm stricken. Einen Wollfaden durch die offenen Maschen ziehen und vernähen. Die Strickschläuche über Arme und Beine ziehen und am Körper annähen.

Fertigstellung
Die Haare rund um den Kopf in Spannstichen aufsticken. Als Augen kleine Perlen aufnähen, Mund und Augenbrauen aufsticken.

Für die Kleidung finden viele Wollreste Verwendung. Sie kann ganz nach eigenen Vorstellungen gefertigt werden.

Zaumzeug

Das aus Borten genähte Zaumzeug besteht aus 4 Teilen, dem Maul-, Stirn- und Nackenriemen und dem Zügel. Für den Maulriemen wird eine Borte von 16 cm Länge zusammengenäht, so daß ein Ring entsteht. Nun den Nackenriemen von 24 cm Länge und den Zügelriemen von 40 cm Länge seitlich unter diesen Maulring nähen; den Stirnriemen in 5 cm Höhe seitlich unter den Nackenriemen nähen.

Das Zaumzeug kann aber auch aus Wollresten gehäkelt werden. Dafür 4 Luftmaschenketten in den angegebenen Längen und 1 Reihe feste Maschen häkeln und zusammennähen.

Satteldecke

Eine Satteldecke wird aus verschiedenen Wollresten gefertigt. Dafür 10 Luftmaschen anschlagen und 24 Reihen in festen Maschen häkeln. Dann die Satteldecke rundherum mit 2 Runden fester Maschen und 1 Runde Mausezähnchen oder kleinen Bögen umhäkeln.

Pferd

Körper
Aus brauner Wolle wird nach dem Grundschema (siehe Sockentiere) gearbeitet. Für die Mähne, das Maul, den Schweif und die Hufe eine Kontrastfarbe verwenden.

Ohren
In der Körperfarbe mit 2 Fäden 10 Maschen anschlagen, 6 Reihen kraus stricken. Dann in jeder Reihe die 2 ersten Maschen zusammenstricken, bis alle Maschen aufgebraucht sind. Die Ohren an der Anschlagseite zusammenklappen und annähen.

Augen
Die Augen nach eigener Vorstellung und Wahl aus Filz, Knöpfen oder gekauften Augen anbringen.

Mähne
Wollfäden von 8 bis 9 cm Länge schneiden, dicht nebeneinander einknüpfen und die Einzelfäden auseinanderdrehen.

Beine
Je Bein 3 Korken verwenden. Für die Fußsohlen und die Hufe (1 bis 3 cm) eine Kontrastfarbe wählen. 3 Luftmaschen anschlagen und mit einer Kettmasche zum Ring schließen. In diesen Ring 6 feste Maschen häkeln, in den folgenden 2 bis 3 Runden verteilt je 2 bis 3 Maschen zunehmen (Korkendurchmesser). Die Beinlänge ohne Zunahme häkeln und annähen.

Schweif
Als Schweif eine Quaste arbeiten und einnähen.

Zaumzeug, Satteldecke und Reiter
Wer Zaumzeug, Satteldecke und einen Reiter zusätzlich fertigen möchte, halte sich an die Anleitung wie beim Esel (Eselstreiber, Zaumzeug, Satteldecke mit genauen Anweisungen).

Zebra

Körper
Nach dem Grundschema (wie bei Sockentiere angegeben) arbeiten.

Strickart
Den Körper und die Beine 2 Runden in Weiß und 2 Runden in Schwarz, das Maul in Schwarz und die Ohren in Weiß stricken.

Ohren
Mit 2 Fäden 10 Maschen anschlagen, 6 Reihen kraus stricken. Dann in jeder Reihe die 2 ersten Maschen zusammenstricken, bis alle Maschen aufgebraucht sind.

Beine
Je Bein 2 Korken aufeinanderkleben. Für ein Bein 12 Maschen anschlagen, die Maschen auf 4 kurze Nadeln verteilen und in Runden stricken. Die letzten 6 Runden (Huf) schwarz stricken und die Maschen abketten.

Fertigstellung
Die Ohren an der Anschlagseite zusammenklappen und nach vorne gestellt annähen. Die Augen aus Filz zurechtschneiden, Knöpfe oder gekaufte Augen verwenden und anbringen. Für die Mähne schwarze Wollfäden von 8 bis 9 cm Länge schneiden und dicht nebeneinander mit einer Häkelnadel durch die Strickmaschen ziehen und verknüpfen, anschließend die Wollfäden auseinanderdrehen. Die Hufe von links zusammenziehen und vernähen. Für den Schwanz 4 weiße und 4 schwarze Wollfäden zu einer Kordel drehen, ein Ende verknoten, das andere einnähen.

Bär

Als vor 80 Jahren der Teddybär von Steiff erfunden und hergestellt wurde, fand er recht bald viele Liebhaber bei groß und klein, und daran hat sich bis heute nichts geändert. Den Namen bezog er übrigens von Theodore (= Teddy) Roosevelt, dem amerikanischen Präsidenten, der anläßlich einer Hochzeitsgesellschaft als Tafeldekoration Steiff-Bären verwenden ließ.

Mit etwas Geduld kann man einen Teddybären stricken. Gleich welche Farbe man dafür wählt, alle werden sie nach demselben Modell gefertigt; Augen, Ohren oder Schnauze etwas größer oder kleiner gearbeitet und schon verändert sich sein Ausdruck.

Materialien
100 g dicke Wolle für die Strickhaut, 100 g Flauschwolle zum Einknüpfen, einen Wollrest für die Pfoten, die Ohren und die Schnauze, 1 passendes Nadelspiel und 1 Häkelnadel, Watte zum Ausstopfen, schwarze, weiße und rote Filzreste, Glasaugen und 1 Seidenband.

Dieser Bär wird etwa 45 cm groß.

Beine
Man beginnt mit einem Bein und häkelt zuerst eine runde Fläche (Fußsohle). Dazu 3 Luftmaschen anschlagen und mit 1 Kettmasche zum Ring schließen. 6 feste Maschen in den Ring häkeln. Noch 6 Runden feste Maschen häkeln, dabei je Runde 4 Maschen verteilt zunehmen bis 30 Maschen im Umfang vorhanden sind. Nun mit Stricknadeln weiterarbeiten und aus jeder festen Masche 1 Masche holen und in Runden 10 cm glattrechts hochstricken.

Das zweite Bein genauso arbeiten wie das erste.

Nun die Maschen der beiden Beine gleichmäßig auf 4 Nadeln verteilen und 8 cm Körper stricken.

Die Maschen für Vorder- und Hinterteil in 2 Teile teilen und mit 2 Nadeln in Reihen getrennt fertigstricken; dabei beiderseitig in jeder 2. Reihe 1 Masche abnehmen, die restlichen 12 Maschen abketten.

Das zweite Teil genauso arbeiten.

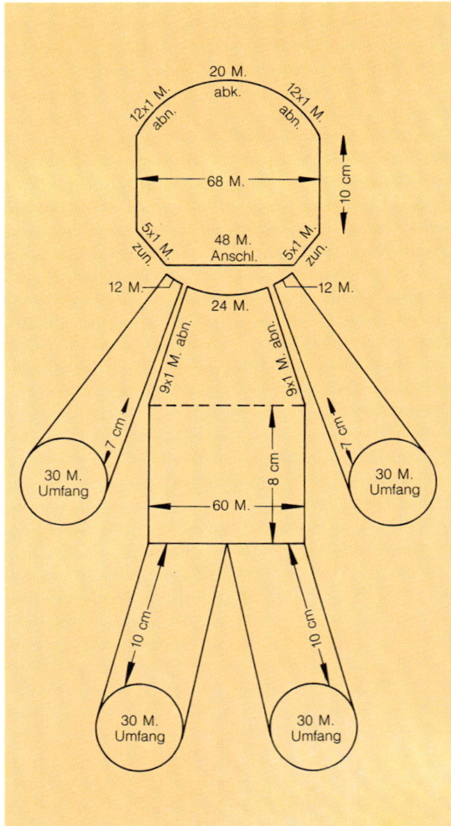

Arme
Diese werden zunächst wie die Beine gearbeitet, bei 7 cm Höhe mit 2 Nadeln weiterstricken, dann beidseitig in jeder 2. Reihe 1 Masche abnehmen, die restlichen 12 Maschen abketten.

Kopf
48 Maschen anschlagen, diese gleichmäßig auf 4 Nadeln verteilen und in Runden glattrechts weiterstricken. Dabei wird in jeder 2. Runde von der Seitenkante ausgehend folgendermaßen zugenommen. 1. Nadel: 1 Masche stricken, 1 Masche aus dem Querfaden zunehmen; 2. Nadel: am Ende vor der letzten Masche 1 Masche zunehmen; 3. und 4. Nadel: die gleichen Zunahmen wie bei der 1. und 2. Nadel. Diese Zunahme noch 4mal in jeder 2. Runde (68 Maschen) wiederholen. Dann 10 cm gerade hochstricken.

Nun wieder von der Seitenkante ausgehend in jeder Runde wie folgt abnehmen. 1. Nadel: 1 Masche stricken, 2. und 3. Masche zusammenstricken; 2. Nadel: am Ende die dritt- und zweitletzte Masche zusammenstricken, letzte Masche stricken; 3. Nadel: wie die 1. Nadel; 4. Nadel: wie die 2. Nadel stricken. Dieses Abnehmen noch 11mal wiederholen, die restlichen 20 Maschen abketten.

Ohren
3 Luftmaschen anschlagen und mit 1 Kettmasche zum Ring schließen. 6 feste Maschen in den Ring häkeln. In den folgenden 6 Runden je Runde 4 Maschen verteilt zunehmen (30 Maschen). Noch 4 Runden ohne Zunahmen häkeln.

Schnauze
3 Luftmaschen anschlagen und mit 1 Kettmasche zum Ring schließen. 4 feste Maschen in den Ring häkeln. Noch 6 Runden häkeln, dabei je Runde 4 Maschen verteilt zunehmen.

Fertigstellung
Die Armteile von links einnähen. Beine, Körper und Arme mit Watte ausstopfen. Kopfnaht von links zunähen, den Kopf mit Watte ausstopfen und am Körper (Hals) annähen. Die Schnauze mit Watte ausstopfen und aufnähen. Das Maul und die Nase aufsticken oder die Nasenspitze mit einem kleinen schwarzen Pompon verzieren. Die Zunge aus rotem Filz ausschneiden und annähen. Für die Augen runde Filzstücke in Weiß oder Schwarz zurechtschneiden und mit den Glasaugen annähen. Fertig wäre der Bär, aber was ist er ohne sein flauschiges Fell? Deshalb schneidet man aus Flauschwolle 8 cm lange Fäden und knüpft diese 2fädig im Abstand von 1 cm, mit Ausnahme der Ohren, der Schnauze und der Pfotenunterseite, ein. Eine hübsche Schleife um den Hals gefällt unserem Bär sehr.

Giraffe

Giraffen sind klug, verständig, äußerst liebenswert und im Verhältnis zu ihrer Größe höchst gutmütige und friedliche Geschöpfe mit ungemein sanften Augen, wie man aus den klassischen Tierschilderungen Brehms entnehmen kann.

Was Wunder, wenn die Großen und die Kleinen beim Betrachten dieser Tiere ganz begeistert sind. Eine selbstgefertigte Giraffe wird daher immer freudige Abnehmer finden.

Materialien
50 g mittelstarke Wolle (rostbraun), Wollreste in Dunkelbraun, Weiß und Schwarz, Watte zum Füllen, weiße und schwarze Filzreste, 15 Flaschenkorken und 15 cm Perlonstrumpf, 1 passende Häkel- und Sticknadel, 2 kurze Stricknadeln.

Rumpf
3 Luftmaschen anschlagen und mit 1 Kettmasche zum Ring schließen. In diesen Ring 5 feste Maschen häkeln, die Maschenzahl in der folgenden Runde verdoppeln, indem immer 2 feste Maschen in 1 feste Masche gearbeitet werden. In den nächsten 4 Runden je Runde 5 Maschen verteilt zunehmen, dann 15 Runden ohne Zunahme arbeiten. Nun je Runde 5 Maschen abnehmen. Doch bevor das Hinterteil zu eng wird, das Strumpfstück mit Watte füllen, verknoten und in den Rumpf schieben. Das Hinterteil fertig häkeln, die restlichen 10 Maschen mit dem Endfaden einreihen, zusammenziehen und vernähen. Als Schwanz eine gedrehte Kordel miteinnähen.

Beine
Für die Hinterbeine je 2 und für die Vorderbeine je 3 Korken verwenden, diese aufeinander kleben und mit festen Maschen umhäkeln: 3 Luftmaschen anschlagen und mit 1 Kettmasche zum Ring schließen. 5 feste Maschen in den Ring häkeln. In den folgenden 2 Runden je 2 bis 3 Maschen zunehmen. Die jeweilige Höhe ohne Zunahme arbeiten.

Hals
Für den Hals 4 Korken verwenden und wie die Beine umhäkeln.

Kopf
Einen Korken umhäkeln, so wie es bei den Beinen beschrieben ist. Für den Oberkopf jede 2. Masche abnehmen, die letzten 3 Maschen zusammenziehen und vernähen.

Ohren
Je 6 Maschen anschlagen und 8 Reihen kraus stricken. Dann in jeder Reihe die 2 ersten Maschen zusammenstricken, bis alle Maschen aufgebraucht sind.

Fertigstellung
Beine, Hals und Kopf annähen. Die Ohren seitlich des Kopfes annähen, dabei den unteren Ohrenrand einhalten. Die Augen aus Filz zurechtschneiden und aufnähen. Am Oberkopf eine kleine gedrehte Kordel als Hörner einziehen und die beiden Enden verknoten. Das Maul mit schwarzer Wolle sticken. Zum Schluß mit dunkelbrauner Wolle die Flecken im Flachstich aufsticken.

Roter Kugelelefant

Das »Innenleben« dieses lustigen Gefährten besteht aus einem kleinen weichen Ball, es kann auch eine Styroporkugel mit einem Durchmesser von etwa 15 cm verwendet werden.

Materialien
Neben dem Ball oder der Styroporkugel braucht man noch 150 g nicht zu dicke rote Wolle, 8 Flaschenkorken, Watte zum Ausstopfen, etwas weißen und schwarzen Filz und 1 passende Häkelnadel.

Körper
Die Elefantenhaut wird in festen Maschen spiralförmig gehäkelt. Dazu 3 Luftmaschen anschlagen und mit 1 Kettmasche zum Ring schließen. In den Ring 6 feste Maschen häkeln und den Rundenbeginn mit einem Faden markieren; in der 2. Runde die Maschenzahl verdoppeln und in der 3. Runde 4 Maschen verteilt zunehmen, diese 3. Runde 13mal mit je 4 Zunahmen wiederholen. Dann 18 Runden ohne Zunahmen häkeln, und die Haut ist fertig.

Rüssel
3 Luftmaschen anschlagen und mit einer Kettmasche zum Ring schließen. 8 feste Maschen in den Ring häkeln, 16 Runden feste Maschen ohne Zunahme arbeiten. Danach 20mal 1 Masche je Runde zunehmen. In der folgenden Runde jede 2. Masche verdoppeln, 4 bis 5 Runden ohne Zunahme häkeln.

Ohren
15 Luftmaschen anschlagen und in Reihen mit festen Maschen weiterarbeiten. Dabei in jeder 2. Reihe auf beiden Seiten 1 Masche zunehmen, insgesamt 5mal (25 Maschen). Dann 4 Reihen ohne Zunahme häkeln. Nun in jeder 2. Reihe 1 Masche auf beiden Seiten abnehmen, insgesamt 6mal. Die Außenkanten mit einer Reihe fester Maschen umhäkeln.

Beine
Je Bein 2 Flaschenkorken aufeinanderkleben und mit festen Maschen umhäkeln. 3 Luftmaschen anschlagen und mit 1 Kettmasche zum Ring schließen. 6 feste Maschen in den Ring häkeln. In den folgenden 2 Runden je 3 feste Maschen verteilt zunehmen. Die Höhe ohne Zunahme häkeln.

Fertigstellung
Den Ball oder die Kugel in die Häkelhaut stecken, die Öffnung mit einem Faden einreihen, zusammenziehen und vernähen. Den Rüssel mit Watte ausstopfen und an der zusammengezogenen Kugelhülle rundherum annähen. Die Rüsselspitze einrollen und mit einem Wollfaden befestigen. Die Augen aus Filz zurechtschneiden und annähen, dann die Ohren und die Beine. Aus 4 Wollfäden ein 10 cm langes Schwänzchen drehen und annähen.

Krokodil

Das von den urweltlichen Riesenechsen abstammende und früher als »Heiliges Tier« verehrte Krokodil, ist für manchen, der es im Zoo betrachtet, oft ein unangenehmer Anblick. Und doch haben gerade Kinder an einem bunten, aus Wolle gestrickten Krokodil ihre helle Freude.

Wir wollen ihnen eines in der Länge von ungefähr 50 cm anfertigen.

Materialien
Wolle: 60 g in Türkis, 50 g in Gelb; einige Wollreste in Rosa, Weiß, Braun und Rot. Zum Füllen Kunstfaserwatte.

Muster: glattrechts.

Farbeinteilung: im Wechsel 4 Reihen türkis, 4 Reihen gelb.

Körper
Für den Kopf zuerst 2 Teile stricken. 1. Teil: 20 Maschen anschlagen, auf beiden Seiten in jeder 4. Reihe 1 Masche zunehmen, bis 32 Maschen auf der Nadel sind.

2. Teil genauso stricken. Die Maschen beider Teile (64 Maschen) gleichmäßig auf 4 Nadeln verteilen.

Den Körper wie folgt in Runden weiterstricken: 8 Runden ohne Zunahme stricken. Für den Hals 8 Maschen in der Runde verteilt abnehmen, noch 3 Runden stricken. An den Seiten 6mal in jeder 4. Runde je 4 Maschen zunehmen. 1. Nadel: von der Maulseite beginnend 1 Masche stricken, 1 Masche zunehmen; 2. Nadel: vor der letzten Masche 1 Masche zunehmen; 3. und 4. Nadel: die Zunahme der 1. und 2. Nadel wiederholen.

Es sind nun 80 Maschen auf den Nadeln. Noch 12 Runden ohne Zunahme stricken, dann 17mal in jeder 4. Runde, wie beim Zunehmen, seitlich je 2 Maschen abnehmen.

Mit den restlichen 12 Maschen noch 8 Runden stricken, Maschen abketten, von links zusammenziehen und vernähen.

Rachen
Mit rosafarbener Wolle 2 Teile — wie beim Kopf beschrieben — stricken. Nach der letzten Zunahme noch 4 Reihen stricken, dann die Maschen abketten.

Zunge
Mit roter Wolle 10 Maschen anschlagen und 10 cm kraus stricken. Für die Zungenrundung die zwei 1. Maschen einer Reihe zusammenstricken. Die letzten 4 Maschen abketten.

Beine
20 Maschen je Bein anschlagen; für die Hinterbeine 12 cm, für die Vorderbeine 10 cm in Runden stricken, Maschen abketten.

Augen
Mit türkisfarbener Wolle 20 Luftmaschen anschlagen, mit festen Maschen 6 Reihen türkis und 1 Reihe weiß häkeln.

Fertigstellung
Die Körperseitenkante mit 1 Reihe fester Maschen umhäkeln. Mit gelber Wolle auf der Rückenmitte eine Flosse häkeln: 1 Reihe feste Maschen, dann in diese Maschenkante 1 feste Masche, 1/2 Stäbchen, 1 Stäbchen, 1/2 Stäbchen und 1 feste Masche häkeln. Dies vom Hals bis zur Schwanzspitze wiederholen.

Die Rachenteile, an den Innenkanten mit der Zunge dazwischen, von links zusammennähen.

Den Körper mit Watte füllen, die Rachenteile einsetzen und rund um das Maul mit brauner Wolle zusammenhäkeln; zuvor jedoch noch den Kopf mit Watte füllen. Mit festen Maschen noch 1 Runde häkeln. An der Rachen- und der braunen Maulkante Zähne anhäkeln (Mausezähnchen). Für die Augen die Häkelteile aufrollen und die Kanten mit 2 bis 3 Stichen befestigen. Diese Augenrollen mit der weißen Seite nach vorne, etwas schief nach außen gestellt, annähen.

Die 4 gestrickten Beinrollen wenden und von links auf halber Länge einen Knick einnähen. Auf der rechten Seite die Fußenden mit brauner Wolle zusammenhäkeln, noch 1 Reihe feste Maschen und 4 Mausezähnchen je Bein häkeln.

Die Beine ausstopfen und annähen.

Nilpferd

Dieser Dickhäuter, der in den Tiergärten so träge und harmlos herumliegt, ist in Wirklichkeit gar nicht so friedfertig; seine vier gewaltigen Eckzähne sind eine furchtbare Waffe. Trotzdem zählt das Nilpferd zu einem der beliebtesten Kuscheltiere und wir wollen darum eines in einer Länge von etwa 40 cm gestalten.

Materialien
150 g dicke Wolle in Blau, Wollreste in Rosa und Weiß, Watte zum Ausstopfen und 2 große schwarze Holzperlen oder Kugelknöpfe. Die Strick- und Häkelnadel passend zur Wolle wählen.

Körper
Das Nilpferd wird — am Kopf beginnend —, außer den Beinen kraus in einem Stück gestrickt.

Ober- und Unterkiefer
Je 16 Maschen anschlagen und 4 Reihen stricken. Nun auf beiden Seiten jeweils 4 Maschen dazu anschlagen und 8 Reihen stricken.

Dann auf beiden Seiten 4mal in jeder 8. Reihe 1 Masche zunehmen (32 Maschen).

Sind beide Teile gestrickt, die Maschen gleichmäßig auf 4 Nadeln verteilen und 16 Runden stricken. In der folgenden Runde jede 4. Masche verdoppeln und nun 18 cm gerade weiterstricken; dann 6mal in jeder 4. Runde 10 Maschen gleichmäßig verteilt abnehmen, mit den restlichen Maschen noch 4 Runden stricken.

Die Maschen nicht abketten, den Wollfaden durch die offenen Maschen ziehen und später bei der Fertigstellung das Hinterteil zusammenziehen und vernähen.

Zähne
Je 8 Maschen anschlagen, 8 Runden glattrechts stricken. Die Maschen nicht abketten, den Wollfaden durch die offenen Maschen ziehen, von links zusammenziehen und vernähen.

Rachen
Mit rosafarbener Wolle 16 Maschen anschlagen, 62 Reihen glattrechts stricken und die Maschen abketten.

7,80/4

Augen
Mit weißer Wolle je 3 Luftmaschen anschlagen und mit 1 Kettmasche zum Ring schließen. In diesen Luftmaschenring 6 feste Maschen häkeln. In der 2. Runde die Maschenzahl verdoppeln; in der 3. Runde mit blauer Wolle 6mal in 1 feste Masche 2 Stäbchen häkeln.

Ohren
Je 12 Maschen anschlagen und 24 Reihen kraus stricken, danach den Wollfaden durch die offenen Maschen und die 3 Seiten ziehen, den Wollfaden zusammenziehen.

Beine
Je 24 Maschen anschlagen und 10 cm in Runden stricken. Die Maschen nicht abketten, den Wollfaden auf der rechten Seite durch die offenen Maschen ziehen und vernähen. Die Strickerei wenden.

Fertigstellung
Für das Schwänzchen 6 Wollfäden zu einer dicken 10 cm langen Kordel drehen und von rechts in die hintere Öffnung schieben.

Den Körper auf die linke Seite wenden, den durchgezogenen Wollfaden fest zusammenziehen und vernähen.

Den Körper wenden und mit Watte ausstopfen. Die seitlichen Maulecken schließen und den Rachen einnähen; beim Zusammennähen mit Watte füllen. Die Zähne wenden und in den Maulecken annähen. Die Ohren leicht nach vorn biegen und annähen, ebenso die Augenteile mit dem blauen Teil am oberen Lidrand unterhalb der Ohren. Die Holzperlen oder Knöpfe auf das Weiße nähen. Die blauen Augenteile nach vorn über die Augen legen und an den Seiten mit 2 bis 3 Stichen befestigen. Zum Schluß die Beine ausstopfen und annähen.